INDOCHINE FRANÇAISE

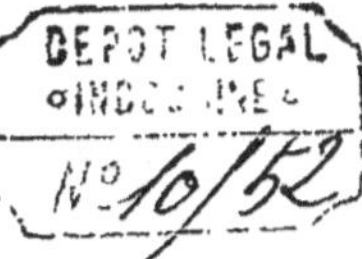

RÉGIME

des

INDEMNITÉS POUR CHARGES DE FAMILLE

des

Personnels européens Colonial et Locaux.

1929

HANOI

IMPRIMERIE D'EXTRÊME-ORIENT

ÉDITEUR

INDOCHINE FRANÇAISE

RÉGIME

des

INDEMNITÉS POUR CHARGES DE FAMILLE

des

Personnels européens
Colonial et Locaux.

1929

HANOI

IMPRIMERIE D'EXTRÊME-ORIENT

ÉDITEUR

INDEX

PERSONNEL COLONIAL

■

Rapport au Président de la République française.

Décret (1er décembre 1928) fixant le régime des indemnités pour charges de famille du personnel colonial.

Arrêté de promulgation en Indochine (1er février 1929).

■ ■ ■

PERSONNELS LOCAUX

■

Arrêté (1er février 1929) fixant le régime des indemnités pour charges de famille des personnels locaux européens.

■ ■ ■

Arrêté (1er février 1929) relatif au mode de décompte en monnaie locale des indemnités pour charges de famille.

Rapport au président de la République française.

Paris, le 1er décembre 1928

Monsieur le Président,

Le régime des indemnités pour charges de famille, applicable au personnel civil entretenu sur les budgets locaux des colonies, varie présentement d'une possession à l'autre, et cette diversité qui, en pareille matière, ne se justifie par aucun argument de principe, ne peut avoir que des inconvénients.

Il m'a paru opportun d'instituer à cet égard une réglementation unique pouvant être étendue à tout notre domaine d'outre-mer.

C'est l'objet du présent décret dont les dispositions ont été conçues comme une adaptation à la situation particulière du fonctionnaire colonial, des règles présentement appliquées au fonctionnaire métropolitain.

Toutes les colonies consultées à ce sujet se sont déclarées favorables à cette réforme, à l'exception de la Guadeloupe, de la Martinique, des établissements français dans l'Inde et de la Nouvelle-Calédonie qui ont réservé leur adhésion pour des considérations d'ordre budgétaire.

Je vous serais reconnaissant, si vous approuvez les dispositions projetées, de les consacrer de votre haute sanction.

Je vous prie d'agréer, Monsieur le Président, l'hommage de mon profond respect.

Le Ministre des Colonies,
ANDRÉ MAGINOT

Décret fixant le régime des indemnités pour charges de famille du personnel colonial

(1er décembre 1928

Le Président de la République française,

Vu le décret du 2 mars 1910 portant règlement sur la solde et les allocations accessoires du personnel colonial, modifié par les décrets des 16 octobre 1914 et 11 septembre 1920 :

Vu l'article 127-B de la loi de finances du 13 juillet 1911 ;

Vu le décret (finances) du 9 mars 1921 fixant les conditions d'attribution des indemnités pour charges de famille, modifié par le décret du 21 mai 1925 ; .

Vu les différentes lois de finances ayant modifié le taux desdites indemnités, notamment l'article 187 de la loi de finances du 13 juillet 1926 ; ensemble les circulaires (finances) fixant la jurisprudence en matière d'indemnités pour charges de famille, notamment celle du 21 juillet 1925 ;

Vu le décret du 29 août 1926 portant attribution aux personnels de l'Etat d'une indemnité provisoire ;

Sur le rapport du Ministre des Colonies,

DÉCRÈTE :

Article premier. — A partir de la date de la publication du présent décret, les indemnités pour charges de famille attribuées aux fonctionnaires des cadres coloniaux régis par décret, rétribués sur les budgets généraux, locaux ou spéciaux des colonies, pays de protectorat et territoires sous mandat relevant du ministère des colonies, sont calculées d'après les tarifs actuels et éventuels applicables en la matière au personnel de l'Etat, conformément aux règles exposées ci-dessous.

Art. 2. — Les indemnités sont concédées sans limitation de traitement, suivant le nombre des enfants dont le fonctionnaire a la charge et qui sont âgés de moins de seize ans ou incapables de travailler par suite d'infirmités.

Les enfants infirmes ou ceux qui poursuivent des études justifiées par un certificat délivré par les chefs d'établissement ouvrent droit jusqu'à l'âge de vingt-et-un ans, dans les mêmes conditions que les enfants âgés de moins de seize ans, aux indemnités pour charges de famille. L'attribution éventuelle auxdits enfants de bourses d'enseignement ne fait pas obstacle à la concession de l'indemnité.

Ouvrent droit à l'indemnité jusqu'à l'âge de dix-huit ans, les enfants pour lesquels il aura été passé un contrat écrit d'apprentissage.

Art. 3. — Sont considérés comme étant à la charge du fonctionnaire :

1° Les enfants auxquels il doit des aliments en vertu des dispositions du code civil ;

2° Les orphelins effectivement recueillis par lui et dont il assure l'entretien ;

3° Les enfants que la femme du fonctionnaire non séparé de corps a eus d'un précédent mariage, sauf lorsqu'il y a eu divorce et que les enfants sont restés avec le premier mari ou lorsque le premier mari contribue à leur entretien.

Art. 4. — Lorsque le mari et la femme appartiennent tous deux à des personnels administratifs pouvant prétendre aux indemnités pour charges de famille, il n'est alloué qu'une seule indemnité pour chacun des enfants et le soin du mandatement incombe au service qui emploie le mari, à charge par ce service de signaler, le cas échéant, au service qui emploie la femme la prohibition de cumul.

Art. 5. — Pour la détermination du taux de l'indemnité chaque enfant prend rang d'après son ordre de naissance, quels que soient l'âge et la condition de ses aînés. Le décès de l'un des enfants survenu postérieurement à la date du présent décret ne modifiera pas le rang de ses puinés ; cette exception cessera d'avoir son effet en cas de nouvelle survenance d'enfant.

Art. 6. — Les indemnités pour charges de famille sont payables par mois et à terme échu entre les mains et sur l'acquit du chef de famille. Lorsqu'un enfant est né au cours d'un mois, l'indemnité n'est due qu'à partir du premier jour du mois suivant. Si un enfant décède au cours d'un mois, le mois entier est dû.

Art. 7. — Les indemnités pour charges de famille sont rigoureusement subordonnées à la nature et à la quotité du traitement alloué au chef de famille, dont elles suivent le sort.

A. — Lorsque le fonctionnaire, ayant avec lui ses enfants, occupe une position lui permettant de prétendre à la solde de présence augmentée du supplément colonial, l'indemnité, calculée d'après le tarif applicable au personnel de l'Etat, est majorée d'une fraction identique à celle employée pour le calcul de ce supplément colonial.

B. — Lorsque le fonctionnaire, ayant dû laisser ses enfants en France ou dans sa colonie d'origine, occupe la position décrite au paragraphe précédent, il a droit aux mêmes allocations, et, en outre, à une majoration spéciale égale à l'indemnité principale, dégagée du supplément colonial, qui lui est acquise du chef des enfants dont il est ainsi séparé.

Cette majoration lui est allouée du jour de son débarquement dans sa colonie d'affectation au jour exclu de son embarquement pour rentrer en France, et sur sa déclaration écrite attestant qu'il n'a pu se faire accompagner desdits enfants.

Les sommes perçues à ce titre par le fonctionnaire depuis son débarquement devraient être remboursées si, à un moment quelconque de son séjour colonial, il obtenait l'autorisation de se faire rejoindre par les enfants.

C. — Lorsque le fonctionnaire occupe une position lui donnant droit seulement à la solde de présence, à l'exclusion du supplément colonial, le taux de l'indemnité est exactement celui des agents de l'Etat.

D. — L'indemnité est réduite ou supprimée dans les mêmes proportions et à compter de la date à laquelle le traitement de présence est lui-même réduit ou supprimé pour quelque cause que ce soit. Elle est toutefois maintenue intégralement en cas de réduction du traitement motivée par un congé de maladie.

Art. 8. — Les dispositions du présent décret sont applicables aux fonctionnaires visés à l'article 1er entretenus sur les fonds de nos établissements outre-mer, à l'exception de ceux ressortissant aux établissements français dans l'Inde, à la Guadeloupe, à la Martinique et à la Nouvelle-Calédonie.

Des arrêtés ministériels détermineront les dates auxquelles les dispositions du présent décret pourront être étendues aux quatre colonies précitées, au fur et à mesure de l'adhésion des pouvoirs locaux compétents.

Art. 9. — Sont abrogées, en ce qui concerne les fonctionnaires visés à l'article 1er, toutes dispositions contraires au présent décret, notamment celles du décret du 16 octobre 1914 et des réglementations locales intervenues pour son exécution.

Toutefois, les dispositions actuellement en vigueur continueront à être appliquées pour les établissements français dans l'Inde, la Guadeloupe, la Martinique et la Nouvelle-Calédonie, jusqu'à la date de signature des arrêtés ministériels prévus à l'article 8, dernier paragraphe.

Art. 10. — Les dispositions du présent décret ne sont pas applicables aux fonctionnaires et agents entretenus sur le budget de l'Etat. Ceux-ci sont soumis, au point de vue de l'indemnité pour charges de famille, aux prescriptions de l'article 187 de la loi de finances du 13 juillet 1925, du décret (finances) du 29 août 1926, ou de tout acte les modifiant.

Art. 11. — Le Ministre des Colonies est chargé de l'exécution du présent décret qui sera publié au *Journal officiel* de la République française et inséré au *Bulletin officiel* du ministère des colonies.

Fait à Paris, le 1er décembre 1928.

GASTON DOUMERGUE

Par le Président de la République :

Le Ministre des Colonies,

André MAGINOT

Arrêté de promulgation en Indochine.

(1er février 1929

Le Gouverneur général de l'Indochine, Commandeur de la Légion d'honneur,

Vu les décrets du 20 octobre 1911 portant fixation des pouvoirs du Gouverneur général et organisation administrative et financière de l'Indochine ;
Vu le décret du 23 août 1928 ;
Vu le décret du 1er février 1902 relatif à la promulgation des actes officiels en Indochine ;
Vu le décret du 1er décembre 1928 modifiant le régime des indemnités pour charges de famille du personnel colonial,

ARRÊTE :

Article unique. — Est promulgué en Indochine le décret susvisé du 1er décembre 1928 modifiant le régime des indemnités pour charges de famille du personnel colonial.

Hanoi, le 1er février 1929.

Par délégation :

Le Secrétaire général p. i. du Gouvernement général
de l'Indochine,

GRAFFEUIL

Arrêté fixant le régime des indemnités pour charges de famille des personnels locaux européens.

(1er février 1929.

Le Gouverneur général de l'Indochine, Commandeur de la Légion d'honneur,

Vu les décrets du 20 octobre 1911 portant fixation des pouvoirs du Gouverneur général et organisation financière et administrative de l'Indochine ;
Vu le décret du 23 août 1928 ;
Vu les arrêtés des 28 février 1925, 12 avril 1925, et 11 février 1926 et tous les actes subséquents portant réglementation sur le mode de concession des indemnités pour charges de famille ;
Vu le décret du 2 mars 1910 modifié par celui du 11 septembre 1920 sur la solde et les accessoires de solde des fonctionnaires coloniaux ;
Vu l'arrêté du 18 février 1921 sur la solde et les accessoires de solde des fonctionnaires locaux ;
Vu le décret du 1er décembre 1928 instituant pour le personnel colonial un nouveau régime des indemnités pour charges de famille,

ARRÊTE :

Article premier. — Les indemnités pour charges de famille attribuées aux fonctionnaires, employés et agents des divers cadres locaux européens de l'Indochine sont calculées d'après les tarifs actuels et éventuels applicables en la matière au personnel de l'Etat, conformément aux règles exposées ci-dessous.

Art. 2. — Les indemnités sont concédées sans limitation de traitement, suivant le nombre des enfants dont le fonctionnaire a la charge et qui sont âgés de moins de seize ans ou incapables de travailler par suite d'infirmités.

Les enfants infirmes ou ceux qui poursuivent des études justifiées par un certificat délivré par les Chefs d'établissement ouvrent droit jusqu'à l'âge de vingt et un ans, dans les mêmes conditions que les enfants âgés de moins de seize ans, aux indemnités pour charges de famille. L'attribution éventuelle auxdits enfants de bourses d'enseignement ne fait pas obstacle à la concession de l'indemnité.

Ouvrent droit à l'indemnité jusqu'à l'âge de dix-huit ans, les enfants pour lesquels il aura été passé un contrat écrit d'apprentissage.

Art. 3. — Sont considérés comme étant à la charge du fonctionnaire :

1° Les enfants auxquels il doit des aliments en vertu des dispositions du code civil ;

2° Les orphelins effectivement recueillis par lui et dont il assure l'entretien ;

3° Les enfants que la femme du fonctionnaire non séparé de corps a eus d'un précédent mariage, sauf lorsqu'il y a eu divorce et que les enfants sont restés avec le premier mari ou lorsque le premier mari contribue à leur entretien.

Art. 4. — Lorsque le mari et la femme appartiennent tous deux à des personnels administratifs pouvant prétendre aux indemnités pour charges de famille, il n'est alloué qu'une seule indemnité pour chacun des enfants et le soin du mandatement incombe au Service qui emploie le mari, à charge par ce Service de signaler, le cas échéant, au service qui emploie la femme la prohibition du cumul.

Art. 5. — Pour la détermination du taux de l'indemnité, chaque enfant prend rang d'après son ordre de naissance, quels que soient l'âge et la condition de ses aînés. Le décès de l'un des enfants survenu postérieurement à la date du présent arrêté ne modifiera pas le rang de ses puînés ; cette exception cessera d'avoir son effet en cas de nouvelle survenance d'enfant.

Art. 6. — Les indemnités pour charges de famille sont payables par mois et à terme échu entre les mains et sur l'acquit du chef de famille. Lorsqu'un enfant est né au cours d'un mois, l'indemnité n'est due qu'à partir du premier jour du mois suivant. Si un enfant décède au cours d'un mois, le mois entier est dû.

Art. 7. — Les indemnités pour charges de famille sont rigoureusement subordonnées à la nature et à la quotité du traitement alloué au chef de famille, dont elles suivent le sort.

A. — Lorsque le fonctionnaire, ayant avec lui ses enfants, occupe une position lui permettant de prétendre à la solde de présence augmentée du supplément colonial, l'indemnité, calculée d'après le tarif applicable au personnel de l'Etat, est majorée d'une fraction identique à celle employée pour le calcul de ce supplément colonial.

B. — Lorsque le fonctionnaire, ayant dû laisser ses enfants en France ou dans sa colonie d'origine, occupe la position décrite au paragraphe précédent, il a droit aux mêmes allocations et, en outre, à une majoration spéciale égale à l'indemnité principale, dégagée du supplément colonial, qui lui est acquise du chef des enfants dont il est ainsi séparé.

Cette majoration lui est allouée du jour de son débarquement dans sa colonie d'affectation au jour exclu de son embarquement pour rentrer en France, et sur sa déclaration écrite attestant qu'il n'a pu se faire accompagner desdits enfants.

Les sommes perçues à ce titre par le fonctionnaire depuis son débarquement devraient être remboursées si, à un moment quelconque de son séjour colonial, il obtenait l'autorisation de se faire rejoindre par les enfants.

C. — Lorsque le fonctionnaire occupe une position lui donnant droit seulement à la solde de présence, à l'exclusion du supplément colonial, le taux de l'indemnité est exactement celui des agents de l'Etat.

D. — L'indemnité est réduite ou supprimée dans les mêmes proportions et à compter de la date à laquelle le traitement de présence est lui-même réduit ou supprimé pour quelque cause que ce soit. Elle est toutefois maintenue intégralement en cas de réduction du traitement motivé par un congé de maladie.

Art. 8. — Les dispositions du présent arrêté sont applicables aux fonctionnaires et agents civils détachés des diverses Administrations métropolitaines et rétribués sur les fonds des Budgets général, locaux et annexes.

Art. 9. — Toutes dispositions antérieures contraires au présent arrêté et spécialement les arrêtés des 28 février, 12 avril et 27 novembre 1925, 11 février 1926, 8 janvier 1927 et 8 mars 1928 sont et demeurent abrogés.

Art. 10. — Le Secrétaire général du Gouvernement général de l'Indochine, les Chefs d'Administration locale, le Directeur des Finances et les Chefs de Services généraux relevant du Gouvernement général sont chargés, chacun en ce qui le concerne, de l'exécution du présent arrêté qui entrera en vigueur pour compter du 6 décembre 1928.

Hanoi, le 1ᵉʳ février 1929.

P. PASQUIER.

Arrêté relatif au mode de décompte en monnaie locale des indemnités pour charge de famille.

(1er février 1929)

Le Gouverneur général de l'Indochine, Commandeur de la Légion d'honneur,

Vu les décrets du 20 octobre 1911 portant fixation des pouvoirs du Gouverneur général et organisation financière et administrative de l'Indochine ;
Vu le décret du 23 août 1928 ;
Vu le décret du 1er décembre 1928 relatif aux indemnités pour charges de famille du personnel colonial ;
Vu l'arrêté du 1er février 1929 relatif aux indemnités pour charges de famille des personnels locaux européens ;
Sur la proposition du Directeur des Finances de l'Indochine ;

ARRÊTE :

Article premier. — Les indemnités pour charges de famille prévues pour les personnels visés à l'article 7, position A du décret du 1er décembre 1928 et à l'article 7, position A de l'arrêté du 1er février 1929 susvisés sont converties en piastres au taux du jour de la liquidation et complétées par une indemnité de change destinée à les porter aux tarifs fixés par le tableau ci-annexé.

Art. 2. — Le Secrétaire général du Gouvernement général, les Chefs des Administrations locales et le Directeur des Finances sont chargés, chacun en ce qui le concerne, de l'exécution du présent arrêté qui entrera en vigueur à compter du 1er février 1929.

Hanoi, le 1er février 1929.

P. PASQUIER.

Tableau annexé à l'arrêté du 1er février 1929.

Indemnités pour charges de famille pour les enfants présents en Indochine.

RANG DES ENFANTS	ÉMOLUMENTS EN MONNAIE LOCALE		
	par an	par mois	par jour
	piastres	piastres	piastres
1er enfant	126 00	10.50	0.35
2e enfant	140.40	11.70	0.39
3e enfant	205.20	17.10	0.57
4e enfant et suivants. . .	219.60	18.30	0.61